古代战役

◎ 主编 金开诚

◎ 编著 于元

吉林文史出版社

吉林出版集团有限责任公司

## 图书在版编目（CIP）数据

古代战役 / 于元编著. —长春：
吉林出版集团有限责任公司：吉林文史出版社，2010.11（2023.4重印）
ISBN 978-7-5463-4095-1

Ⅰ. ①古… Ⅱ. ①于… Ⅲ. ①战役－史料－中国－古
代 Ⅳ. ①E291

中国版本图书馆CIP数据核字(2010)第222247号

# 古代战役

GUDAI ZHANYI

主编/ 金开诚 编著/于 元

项目负责/崔博华 责任编辑/崔博华 梁丹丹

责任校对/梁丹丹 装帧设计/马锦天

出版发行/吉林出版集团有限责任公司 吉林文史出版社

地址/长春市福祉大路5788号 邮编/130000

印刷/天津市天玺印务有限公司

版次/2010年11月第1版 印次/2023年4月第5次印刷

开本/660mm×915mm 1/16

印张/9 字数/30千

书号/ISBN 978-7-5463-4095-1

定价/34.80元

# 前　言

　　文化是一种社会现象，是人类物质文明和精神文明有机融合的产物；同时又是一种历史现象，是社会的历史沉积。当今世界，随着经济全球化进程的加快，人们也越来越重视本民族的文化。我们只有加强对本民族文化的继承和创新，才能更好地弘扬民族精神，增强民族凝聚力。历史经验告诉我们，任何一个民族要想屹立于世界民族之林，必须具有自尊、自信、自强的民族意识。文化是维系一个民族生存和发展的强大动力。一个民族的存在依赖文化，文化的解体就是一个民族的消亡。

　　随着我国综合国力的日益强大，广大民众对重塑民族自尊心和自豪感的愿望日益迫切。作为民族大家庭中的一员，将源远流长、博大精深的中国文化继承并传播给广大群众，特别是青年一代，是我们出版人义不容辞的责任。

　　本套丛书是由吉林文史出版社和吉林出版集团有限责任公司组织国内知名专家学者编写的一套旨在传播中华五千年优秀传统文化，提高全民文化修养的大型知识读本。该书在深入挖掘和整理中华优秀传统文化成果的同时，结合社会发展，注入了时代精神。书中优美生动的文字、简明通俗的语言、图文并茂的形式，把中国文化中的物态文化、制度文化、行为文化、精神文化等知识要点全面展示给读者。点点滴滴的文化知识仿佛颗颗繁星，组成了灿烂辉煌的中国文化的天穹。

　　希望本书能为弘扬中华五千年优秀传统文化、增强各民族团结、构建社会主义和谐社会尽一份绵薄之力，也坚信我们的中华民族一定能够早日实现伟大复兴！

# 目录

# 一、先秦时期的战役

清道光二十年（1840年），随着鸦片战争的爆发，中国近代史开始了。

鸦片战争以前的中国历史，称为中国古代史。在这五千多年漫长的古代历史长河中，经历了原始社会、奴隶社会和封建社会。无论在哪个社会形态中，都发生过战争。

纵观我国古代战役，其性质有多种类型。有割据争霸的，有争取国家统一

的，有抵御少数民族的，有平定叛乱的，有反抗外国侵略的，有统治集团内部争斗的，有农民起义的。

在大大小小的战役中，或苦战获胜，或妙用兵法，常常闪烁着古代指挥员的智慧火花，为后世用兵者积累了宝贵的经验。

## （一）屈瑕诱敌

周桓王二十年（前700年），楚国发兵北上，攻打绞国。楚军行动迅速，不久便兵临城下，把绞国都城围得水泄不通。绞国见楚军强大，自知出城迎战凶多吉少，决定坚守城池，令楚军日久厌战，兵疲自退。绞城地势险要，易守难攻，楚军多次进攻都被击退了。

两军相持一个多月，楚国大夫屈瑕对楚王说："微臣仔细分析了敌我双方的情况，觉得绞城只可智取，不可强攻。我军应以利诱敌，用鱼饵钓大鱼。"楚王问道："爱卿有何诱敌之策？"屈瑕说："可趁绞城被围月余，城中缺柴之时，派些士兵扮成樵夫上山打柴。"楚王不解地问："打柴有什么用呢？"屈瑕回答说："绞军见了，一定会出城夺柴的。头几天，可让他们先得一些小利。等他们麻痹大意，大批士兵出城夺柴时，可先设伏兵断其归路，然后聚而歼之，乘势夺城。"楚王担心地说："只怕绞军不会轻易上当。"屈瑕说："大王放心，绞军比较浮躁，浮躁则少谋略。有这样的钓饵，不愁绞军不上钩。"楚王听了这话，

决定依计而行，立即命令一些士兵扮成樵夫，天天上山打柴。

过了几天，绞侯听探子报告说："楚军天天派人进山打柴。"绞侯忙问道："这些樵夫有无楚军保护？"探子说："他们成群结队上山，并无士兵跟随。"绞侯一听，马上布置人马埋伏好，待楚军樵夫背柴出山之时，突然袭击，抓走了几十个樵夫，还夺得不少柴草。一连几天，绞军都有收获。绞军见有利可图，出城劫夺柴草的人越来越多了。

楚王见敌人上钩，便对将军说："可以动手了！"这天，绞军蜂拥而出，樵夫们见了，拼命奔逃。绞军紧紧追赶，不知不觉跑进了楚军的埋伏圈。楚军伏兵四起，杀声震天，绞军哪里抵挡得住，大败而归。楚军穷追不舍，趁机攻进绞城。绞侯无力抵抗，只得和楚王签订了"城下之盟"。楚王用屈瑕之计，轻取绞城，全胜而归。

## （二）围魏救赵，减灶救韩

周显王十五年（前354年），魏国进攻赵国，包围了赵国都城邯郸。第二年，齐威王任命田忌为大将，孙膑为军师，领兵援救赵国。

起初，孙膑曾和庞涓一同学习兵法。后来，庞涓到魏国做官，当了将军。他觉得自己不如孙膑，出于忌妒庞涓将孙膑召到魏国，设计陷害他，砍下了他的双脚，还在他脸上刺了字，想让他终身残废，没有出

头之日。

有一天，齐国使者到了魏国，孙膑偷偷地去见使者，说服使者用车将他载回齐国。田忌见了孙膑，发现他有过人之智，十分善待他，还把他推荐给齐威王。齐威王向孙膑请教兵法，拜他为师。这次，齐威王决定援救赵国，想拜孙膑为大将。孙膑说："我是受过刑的残疾人，怎能做大将呢？"他说什么也不肯答应。于是，齐威王任命田忌为大将，让孙膑做军师，坐在车里出谋划策。

齐军出发后，田忌想直奔赵国，解邯郸之围。孙膑说："援救正在交战中的一方时，不能从正面插手，要避实击虚。现在，赵、魏两军正在激战，魏军的精锐部

齐军师孙膑

队都上了前线，其后方必然空虚。我们应该率领大军直捣魏国都城大梁，占据要路，避实击虚。这样，魏军一定回救，邯郸自然解围了。"田忌一听，连声叫好，立即采用了他的妙计。

魏军闻讯，果然慌忙退兵，回救大梁，在半路被齐军打得大败而逃。

齐军全胜而归，邯郸之围也解了。

从此，孙膑名声大震，人们都称他这次用兵的妙计为"围魏救赵"之计。

周显王二十八年（前341年），魏惠王派庞涓率军攻打韩国。韩国兵力不支，急忙向齐国求救。齐威王召集大臣，问道："韩国派使者前来求救，你们看早出兵好，还是晚出兵好？"成侯回答说：

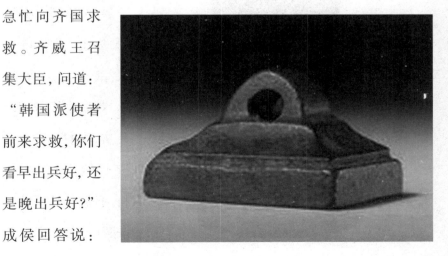

"依臣之见，还是不救为好。"田忌说："如果我们不救，韩国必败。那么，韩国就投向魏国了。我看，不如早些发兵去救援。"孙膑说："韩、魏两国刚开战，双方都还没有疲惫。如果我们现在就出兵救韩，岂不是听命于韩国，替它去挨打吗？因此，我们可以答应韩国，但要晚些出兵。这样，我们既可以获得重利，又可以得到美名。"齐威王听了，连声叫好。于是，他答应了韩国使者，然后打发他回国了。

韩王见齐国答应救援，有了靠山，便坚持苦战，但打了五次都失败了。这时，齐国出兵了。齐威王仍然让田忌担任大将，孙膑担任军师。田忌按照孙膑的计谋，不去韩国，而是直捣魏都。

庞涓闻讯，只得回军。魏惠王让太子申担任大将，和庞涓一起抵抗齐军。

孙膑对田忌说："魏军一向轻视齐军，我们可以诱其中计。"于是，孙膑让大军进入魏境后，第一天宿营做饭时，挖了十万个灶坑；第二天宿营做饭时，挖了五万个灶坑；第三天宿营做饭时，挖了两万个灶坑。庞涓见齐军灶坑逐日减少，不由得大喜道："我早就听说齐军胆小，今日才知果然如此。齐军进入我国境内才三日，就逃走一大半了。"于是他抛下步兵，只率领骑兵日夜兼程追赶齐军。

孙膑估计庞涓夜里会赶到马陵道，又见马陵道十分狭窄，两边地形凶险，适

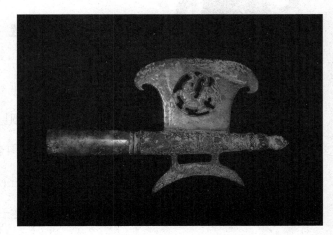

于设伏，便将马陵道上一棵大树的树皮砍掉，在树上写道："庞涓死于此树下。"然后让一万名齐兵手持弩弓，埋伏在马陵道两旁，叮嘱他们说："夜里看见树下火起，就向马陵道上射箭。"夜里，庞涓追到树下。在月光里，见白白的树干上仿佛有字迹，便命令士兵点上火把照着，看树上写的是什么字。他还没有读完树上的字，马陵道两边突然万箭齐发，魏军顿时大乱。庞涓发现自己中计，已经没有活路，便拔剑自刎了。

齐军大败魏军，魏太子申也被俘了。

## （三）长平之战

周赧王五十三年（前262年），秦国攻打赵国，在长平受阻。

长平守将是赵国名将廉颇，他见秦军兵势强大，不能硬拼，便命令部队深沟高垒，固守不战，长达三年之久。

秦军拿不下长平，秦王焦头烂额，最后采纳范雎的建议，派人使用反间计，对赵王说："秦人最怕马服君赵奢的儿子赵括担任赵军统帅。"

赵王中计，调回廉颇，派赵括到长平指挥大军与秦军作战。

这时，相国蔺相如对赵王说："大王千万不可让赵括担任统帅！赵括只会读他父亲的兵书，却不会用啊！"赵王固执己见，不听蔺相如的劝告。

赵括到长平后，完全改变了廉颇坚守不战的策略，要与秦军决战。秦将白起故意让赵括打了几次小胜仗，赵括竟得意忘形，派人到秦营下战书。白起见赵括中计，立即兵分几路，对赵括大军形成一个包围圈。

第二天，赵括亲率四十万大军与秦军决战。秦军与赵军几次交战，用的都是诱敌之计。赵

括得意忘形，率领大军追赶秦军，一直追到秦军大营。

秦军坚守不出，赵括连攻数日，不能攻克，只得退兵。

这时，探子慌慌张张跑来报告说："启禀元帅，我们的后营已被秦军攻占，粮道也被秦军截断了。"

秦军把赵军全部包围了。赵军一连四十六天断炊绝粮，早已自相残杀，争食人肉了。

赵括为了逃生，拼命突围，都被秦军击溃了。最后一次突围时，秦军万箭齐发，赵括中箭身亡。赵军见主帅身亡，顿时大乱，都做了俘虏。

白起一是为了消灭赵国的有生力量，二是怕降军暴乱，竟暗暗下令在深夜将四十万赵军降兵全部活埋。

　　长平之战是秦灭六国的关键一战，为秦统一中国扫除了障碍，大军东进再也不会受阻了。

# 二、秦汉时期的战役

## (一) 灭秦之战

秦始皇死后，其子胡亥即位，史称秦二世。

秦二世荒淫暴虐，赋税徭役过重，百姓不堪其苦，求生不能，欲死不得，只得纷纷造反了。

秦二世元年（前209年），陈胜、吴广起兵反秦。

同年，刘邦、项梁、项羽、田儋分别在沛县、吴郡和狄城起兵反秦。

陈胜死后，各路义军召开大会，立楚怀王的孙子芈心为王，仍称楚怀王。

不久，项梁在东阿大败秦将章邯，在定陶再次打败秦军。接着，项羽和刘邦又在雍丘大破秦军，杀了秦相李斯的儿子——大将李由。

项梁见义军节节胜利，竟开始骄傲了。秦二世又派出大批军队增援章邯，章邯大破楚军，杀了项梁。章邯杀了项梁之后，以为楚军不足为虑，便北击赵国去了。

楚怀王对诸将说："谁能先攻进关中，灭了秦国，就封谁为秦王。"

当时，秦兵尚

强，诸将都认为进攻关中是件危险的事。只有项羽为了给叔叔项梁报仇，奋勇向前，要和刘邦联合进关。这时，楚怀王的老将对楚怀王说："项羽为人，极其残忍，经常屠城。况且楚人陈胜、项梁都战败了，现在应该派出一名长者率军入秦，不欺凌百姓，关中才能平定。刘邦为人宽厚，可派他进攻关中，不能派项羽去。"于是，楚怀王派刘邦西进，而派项羽北上救赵。

刘邦西进途中，路过高阳时，高阳儒者郦食其献计道："将军手下都是乌合之众，散乱之兵，尚且不满万人。如果这样进攻秦国，岂不等于以卵击石、羊入虎口吗？前面的陈留县，是天下要冲，四通八达。陈留县令是我的朋友，我可以前去劝降。如果他不听，我可以做内

应，帮助将军打下陈留县。"刘邦依计而行，不费一兵一卒便进了陈留县。刘邦引兵继续西进，路过宛城后，谋士张良献计说："沛公不要急着进攻关中，应先打下宛城。否则，强秦在前，宛城在后，前后夹击，我军必危。"于是，刘邦又从另一条路绕回，偃旗息鼓，等到天亮时，已将宛城围了三层。秦国郡守闻讯，想要自尽，门人陈恢劝道："大人，还不到死的时候。"于是，陈恢出城见刘邦说："听说将军先入关便可称王。宛郡连城数十，如果投降必死，他们一定誓死守城。到那时，将军如何抢先入关啊？为将军着想，莫如将降者封官，

令其守城，而带他的兵马西进。这样，秦
国郡守必然望风而降，将军便可长驱直
入了。"刘邦听了，连声叫好，依计而行。
果然，前面守城的郡守听说投降可以不
死，还能继续留任，没有一人不投降的。
一路上，刘邦大军秋毫无犯，秦民大喜。

汉高祖元年（前206年）冬，刘邦率
大军到了灞上，逼近咸阳了。

秦王子婴闻讯，素车白马出迎，献出
皇帝玉玺，投降刘邦，秦朝灭亡。

## （二）井陉之战

秦朝灭亡后，各路诸侯逐鹿中
原，征战不已。

后来，只有项羽和刘邦的势力
最为强大。其他诸侯有的被消灭，
有的急忙寻找靠山。赵王歇认为项
羽是个了不起的英雄，心中十分佩
服，便投靠了项羽。

刘邦为了削弱项羽的力量，命令韩信、张耳率两万精兵攻打赵王歇。赵王歇听到消息之后，笑道："我有项羽作靠山，又控制二十万人马，何惧韩信、张耳啊！"

赵王歇亲自率领二十万大军驻守井陉，准备迎战。韩信、张耳的部队也向井陉进发，在离井陉三十里外安营扎寨。两军对峙，虎视眈眈，一场大战即将开始。

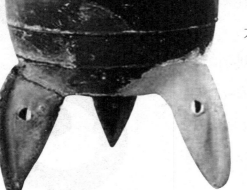

韩信见敌军人数众多，如果硬拼，恐怕不是敌军的对手；如果久拖不战，军队又经不起消耗。经过反复思考，他定下了一条妙计。

韩信召集众将到营中听令，众将立即前来。韩信命令

一员战将率领两千精兵到山谷树林埋伏
起来，对他说："我军与赵军开战后，我
军要佯败而逃。等赵军倾巢出动追击我
军时，你们迅速杀入敌营，插上我军的军
旗。"他又命令张耳率军一万，在河东岸
摆下背水一战的阵势，而他自己则亲率
八千人马正面佯攻。

　　第二天天刚亮，韩信营中擂起战鼓，
韩信亲率大军向井陉杀来。赵军主帅陈
余得报，立即下令
出击。顿时，
两军杀得昏
天黑地。韩
信见时机已
到，一声令下，部队
立即佯败后退，并
且故意扔下大量的武
器和军用物资。陈余见韩
信败退，大笑道："区区韩
信，怎是我的对手！"他命

令赵军追击，一定要全歼汉军。

韩信带着的汉军撤到河边，与张耳的部队合为一股。韩信动员士兵说："前有大河，后有追兵，我们已经没有退路了。要想活命，只能背水一战。"士兵见已无退路，只有拼了，也许还有活路。于是人人奋勇，个个争先，要与赵军拼个你死我活。

韩信、张耳突然率部杀了回来，这是陈余完全没有料到的。赵军原以为以众敌寡，胜利在握，斗志并不旺盛。韩信故意在路上扔了大量军用物资，赵军你争我夺，一片混乱，已丧失了斗志。

锐不可当的汉军冲进敌阵，无不以

一当十，杀得赵军丢盔弃甲，落荒而逃。

陈余同溃兵回营，准备休整之后，再与汉军作战。当他们退到自己大营前面时，突然从大营那边飞过无数支箭来，陈余这时才注意到自己营中已经插遍汉军旗旗。

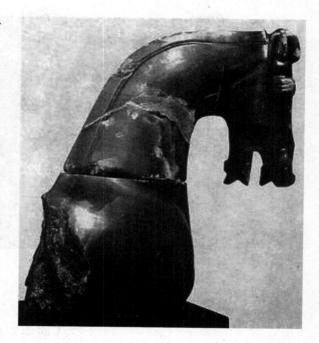

赵军惊魂未定，营中汉军猛地冲杀出来，与韩信、张耳的部队从两边夹击赵军。张耳一刀将陈余斩于马下，赵王歇被汉军生擒，赵国全军覆没。此战是古代以少胜多的著名战例，韩信从此名震天下，"背水一战"也成了尽人皆知的成语。

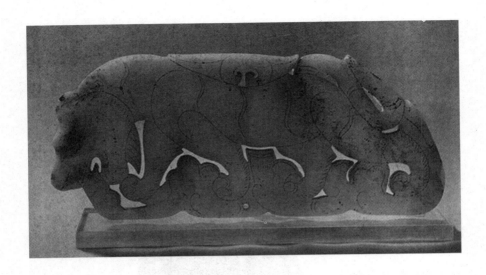

## （三）亚夫平叛

汉高祖刘邦做皇帝后，大封刘姓子弟为王。他认为同姓亲人靠得住，会保刘家的天下。

同姓王当初只有九个，后来逐渐增加。到汉文帝刘恒在位时，已经增加到二十多个了。其中领地最大的有齐、楚、吴、荆、燕、淮南等国。这些王国所领有的土地合起来占西汉国土的大半。皇帝直接管辖的地区只有十五个郡，而这十五个郡当中往往还有列侯和公主的领地，因此真正属于皇帝管辖的土地就只有十个郡左右了。

刘邦认为同姓王都是他的兄弟子侄，是靠得住的。但事实上，同姓王势力大了也会造反夺取帝位的。

刘濞是汉高祖刘邦的侄子，20岁时被封为吴王。汉景帝前元三年（前154年），刘濞串通齐、楚等七个诸侯国发动叛乱，首先攻打忠于皇帝的梁国。梁国派

人向朝廷求援，对汉景帝说："刘濞率军攻打我国，我们已经损失数万人马，实在抵挡不住了，请朝廷赶快发兵救援吧。"汉景帝听了，立即派周亚夫率三十万大军前去平叛。周亚夫说："刘濞率领的吴楚大军素来强悍，如今士气正旺，如果与他们正面交锋，一时恐怕难以取胜。"汉景帝问道："那么，你可有什么计谋退敌？"周亚夫回答说："叛军远离江南，粮草供应特别困难。我们如能断其粮道，敌军定会不战自乱的。荥阳是东西方的要冲，必须抢先控制。"汉景帝听了，点点头说："说得好，就照你说的办吧。"

周亚夫到荥阳后，分兵两路，前去袭击敌军后方：一路袭击吴、楚供应线，断其粮道；一路由他亲自率领，袭击敌军后方重镇昌邑。

周亚夫占据昌邑后，加固营寨，准备坚守。刘濞闻报大惊道："想不到周亚夫不与我正面交锋，却抄了我的后路！"于是，他立即命令部队去攻昌邑，并打通粮道。

刘濞数十万大军气势汹汹，猛扑昌邑。周亚夫避其锋芒，拒不出战。敌军数次攻城，都被乱箭射回。刘濞无计可施，大军驻扎城外，粮草很快便用光了。

双方对峙几天后，周亚夫见叛军饿得毫无战斗力了，这才调集部队，打开城门，发起猛攻。叛军大败，刘濞落荒而逃。

刘濞带了几千人冲出重围，逃到长江

南岸的丹徒，想去联合东越，卷土重来。

周亚夫早已悬赏一千斤黄金购买刘濞的人头，东越见刘濞前来搬兵，乘机杀了他，把他的脑袋献给了周亚夫。周亚夫深沟高垒，令刘濞求战不得；又断其粮道，釜底抽薪，为维护国家统一建立了不朽功勋。

## （四）昆阳大捷

西汉末年，王莽夺取汉朝江山，建立新朝，做了皇帝。

在王莽统治下，百姓的土地被剥夺，仅有的一点积蓄被搜光，吃不饱，穿不暖，饿死冻死者无数，百姓再也无法活下去，只得造反了。

　　起义军不断发展壮大，一些封建地主也率领地主武装参加了反对王莽的义军，其中著名的有刘玄、刘秀等人。不久，刘玄被义军立为皇帝，号称更始帝。

　　王莽见全国都反了，忙派大将王邑、王寻率领四十二万军队，号称百万，杀向义军。

　　王莽为了确保胜利，又派巨人巨毋霸参战。巨毋霸身材魁梧，面貌奇丑，力能拔树，善于驯兽，连虎豹见了他都害怕。王莽从上林苑中放出许多老虎、豹子、犀牛、大象等猛兽，由巨毋霸率领作为前驱。

　　刘秀奉更始帝命令和王凤、王常、李轶等人连克数城后，正在昆阳休整。

　　一天，士兵跑到将军府报告说："敌军兵临城下

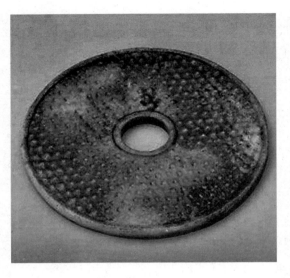

了!"刘秀急忙上城，只见官军像潮水般涌来，便让城外的义军退进昆阳城中暂避锋芒。

这时，义军的一些将领对刘秀说："目前敌众我寡，难以守城，不如大家分散开来，各自为战吧。"刘秀不同意这样做，他说："我们人少，如果集中力量打击官军的一路，还是有胜利的可能的。如果分散开来，必然被各个击破。因此，我们必须同心协力守住昆阳，打败官军。"义军将领听了这话，恍然大悟。

昆阳城里只有八九千义军。义军首领王凤、王常和刘秀商量，决定由王凤、王常负责守城，由刘秀、李轶等十三人趁黑夜骑快马冲出南门，到附近去组织援军。刘秀和李轶于当天后半夜趁敌军熟睡时，设法突出重围。

四十二万大军将昆阳围了好几十层，旌旗遍野，尘土遮天，战鼓声传几十里。官军把云梯、撞车和楼车都用上了，还挖掘地道，想从地下攻进城去。

官军万箭齐发，像雨点一样落在城中，城里汲水的人要顶着门板才敢出门。

义军针锋相对，在城上堆满了滚木礌石，像冰雹一样砸向官军。

义军日夜苦战，一个多月之后，刘秀率领援军赶来了。

王邑、王寻见刘秀只带来几千名援军，不由得哈哈大笑道："这不是以卵击石吗？"

刘秀一马当先，冲向敌阵。士兵见了，一个个像猛虎一样跟了上去。官军没想到刘秀攻势这样猛，退了好几里才稳住阵脚。

这一仗，刘秀消灭官军一千多人。一连几天，刘秀猛打猛冲，每天都消灭许多官军。

这时，宛城已被义军攻下，但刘秀还不知道这个消息。他为了瓦解敌人军心，特地让人装成从宛城来的报信人，信中说："宛城已被我军攻下，大军马上要支援昆阳了！"刘秀让送信人故意把信丢在路上，让官军拾去。

王邑、王寻见到这封信后，十分沮丧，失去了攻城的信心。

城里的义军听到城外的喊杀声，又见官军阵脚已乱，便知道刘秀的援军到了。他们信心倍增，准备看好时机，里应外合消灭敌人。

刘秀侦察到官军指挥中心在昆阳城西的小河边，便带着三千人组成的敢死队直捣过去。官军将士从睡梦中惊醒，四处乱窜。混战中王寻被杀，其他人来不及抵抗，纷纷逃命。

这时，王凤、王常率军从城中杀出，里应外合，打败了敌人。

巨毋霸见王寻被杀，勃然大怒，驱动野兽冲向义军。义军见了，正在惊慌之时，忽然空中雷声大作，暴雨骤至。野兽听到炸雷声，吃了一惊，纷纷掉转身子向官军冲去。官军争着逃命，自相践踏，死了不少人。逃出一百多里后，因抢着渡河，又淹死了好几万人。巨毋霸被逃兵一挤，扑通一声掉进河里，活活淹死了。

王邑逃回洛阳，四十二万人只剩下几千人了。

在这次昆阳大战中，义军总人数只有一万多人，却打败了官军四十二万人。这一消息震动全国，大大地鼓舞了义军的斗志。

这是打败王莽的关键一战，由于刘秀在昆阳大捷中起了决定性的作用，人们都对他另眼相看了。

## （五）赤壁之战

曹操统一北方后，发展农业生产，增强军事力量，实力越来越雄厚。于是，他决定进军南方，消灭荆州的刘表和江东的孙权，进而统一全国。

汉献帝建安十三年（208年）七月，曹操率军南下，要夺取荆州。八月，荆州牧刘表病死，他的内弟蔡瑁等人拥立刘表次子刘琮为荆州牧。蔡瑁听说曹军声势浩大，吓破了胆，劝刘琮向曹操投降，刘琮同意了。九月，曹操大军到了新野，刘琮遣使者送上降表，迎接曹操进入荆州。

这时，刘备正驻守樊城，听说刘琮已降，又见曹操大军逼近，抵抗已经来不及了，只得

匆忙率领军民向江陵转移。

江陵是军事重镇，又是兵力和物资的重要补给地。曹操怕刘备占领江陵，就亲自率领五千轻骑兵不分昼夜地追赶，一日一夜追了三百多里。几天后，曹操在长坂坡追上刘备。刘备大败，曹操夺取了江陵。

刘备从小路逃到夏口，在那里和刘表的长子刘琦合兵一处，约有二万人。

曹操占了荆州，收降了刘琮的水军，如今又占了江陵，得到了大量的军用物资。于是，他决定顺江而下，先消灭刘备，再消灭孙权，占领江南，统一全国。

孙权闻讯，忙派鲁肃到刘备那里去察看军情，并且想说服刘备共破曹操。刘备十分赞成鲁肃的主张，带领军队退守长江南岸的樊口。

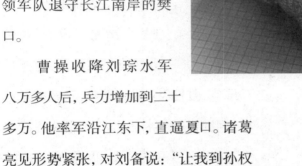

曹操收降刘琮水军八万多人后，兵力增加到二十多万。他率军沿江东下，直逼夏口。诸葛亮见形势紧张，对刘备说："让我到孙权那里求救吧！"刘备立即同意了。

诸葛亮见到孙权，对他说："曹操破了荆州，威震四海。现在，他顺江而下，直逼江东。孙将军如果想抵抗曹操，就应该立刻跟他断绝关系；如果没有这份胆量，何不趁早投降呢？"孙权一听这话，反问道："刘豫州为什么不向曹操投降呢？"诸葛亮回答说："刘豫州是汉朝王室后裔，才能盖世。眼前遇到一点困难，怎么能屈居人下呢！"孙权听诸葛亮

这么说，猛地站起来说："我不能让江东十万雄兵受制于人，我主意已定。不过，刘豫州刚刚打了败仗，怎能抵抗曹操呢？"诸葛亮说："刘豫州还有精兵两万。曹操兵马虽多，但是经过长途跋涉，已经疲惫不堪。何况曹军多半是北方人，到南方后水土不服，又不习惯水战。再说，他们刚刚占领荆州，人心不服。在这种情况下，只要我们两家协力作战，是一定能打败曹操的。"孙权觉得诸葛亮的分析很有道理，更增强了抗曹的决心。

孙权召集文臣武将开会，商讨抗击曹操的办法。恰在这个时候，曹操写信威吓孙权，说他带领八十万大军前来，要同孙权会战。孙权把曹操的信拿给大家看，许多人看后大惊失色。长史张昭说："我们可以凭借长江天险抗拒曹操，现在曹操占了荆州，得了刘琮的水军和几千条战舰，长江已经失去了阻挡敌军的作用，我们还有什么办法抵抗曹操呢? 依臣看，我们不如和他讲和! "孙权听到这种投降言论，心里很不高兴，起身离开了。

鲁肃见状，急忙跟在孙权后面，追到屋檐下，对孙权说:"张昭的话千万听不得，应当把周瑜叫回来，和他一起共商大计。"孙权接受了鲁肃的建议，宣布暂时休会，等周瑜来了再说。

周瑜当时正在鄱阳湖训练水军，听说孙权召见他，立即动身来到柴桑。他听了文武官员的意见后，对孙权说:"将军割据江东数千里，兵精粮足，应当横行天下，怎能向曹操屈服呢? 其实，曹军最多不

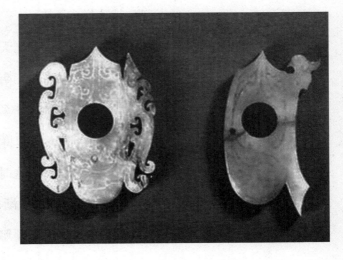

过二十几万人。现在天寒地冻，他们的军马缺乏草料。北方士兵来到南方，水土不服，必然生病。这些都是曹军的致命弱点。依臣看，这正是我们打败曹操的最好时机。请主公拨给臣几万精兵，开赴夏口，定能击败曹军。"孙权听周瑜这么说，精神为之一振。他拔出佩刀，一刀砍下木案的一角，对众臣说："谁要是再提投降曹操，就和这张案子一样。现任命周瑜为大都督，程普为副都督，鲁肃为赞军校尉，带领三万人马，与刘备水军会合，协同作战，共破曹操。"孙刘联兵抗曹，就这样定下来了。

几天后，孙刘联军进驻长江南岸的赤壁，同北岸的曹军隔江对峙，一场大战即将开始了。

这时，曹军因水土不服，渐渐生起病来。加之风浪颠簸，许多人晕船，恶心呕吐，失去了战斗力。对此，曹操非常焦急。周瑜派庞统献计说："丞相，何不把战船用铁链连在一起，铺上木板，就会四平八稳了，这种大船称为'连环船'。"曹操听了，觉得有理，急忙命令工匠连夜将船连在一起。此后，人在船上行走就像在陆地上一样。

周瑜见曹操中计，进一步同众将商量对策。部将黄盖说："连环船有个致命的弱点，最怕火攻。"周瑜说："火攻确实是好，可如何火攻呢？得有人前去诈降，接近他们，趁机纵火才行。"黄盖说："我愿意去诈降，就是粉身碎骨，也要火烧曹营！"

几天后，曹操接到了黄盖来求降的信。曹操认为自己处于绝对优势，江东覆亡的命运已不可避免，因而对黄盖投降深信不疑，便同黄盖约定了投

降的日期和暗号。

到了约定日期，天将黑时，士兵报告曹操说："有十条插着青龙旗的小船从南岸驶来了。"曹操高兴地说："这是黄盖前来投降了。"

黄盖的船上装满了浇过油的枯柴和干草，外边盖着帷幕。在离曹营两里远的水面上，黄盖命令士兵道："点起火来！"当时，东南风正猛，火借风势冲天而起，十条船就像十条火龙冲向曹营，把曹营的船只都烧着了。曹营的船是用铁链锁着的连环船，很快就烧成了一片火海，烈焰腾空，火光把江岸的石壁都照红了。曹军一片惊慌，争着逃命，烧死、淹死的士兵不计其数。

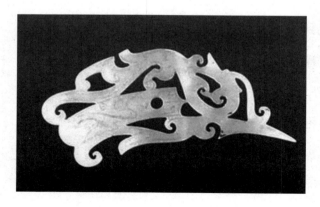

周瑜指挥联军主力冲向曹军，曹军大败。孙刘联军分水陆两路乘胜追

击，曹操率军由华容道撤回江陵。

曹操到了江陵，见剩下的士兵多已
染病，无力反击，便留下曹仁、徐晃镇守
江陵，乐进镇守襄阳，自己则率大军北归
了。

# 三、魏晋南北朝时期的战役

## (一)亭之战

东汉献帝建安二十五年（220年），曹操病逝。同年，他的儿子曹丕逼迫汉献帝让位，自己做了皇帝，建立魏国，东汉灭亡了。

同在这一年，孙权占领荆州，杀了刘备的大将关羽。

次年，刘备称帝。七月，刘备亲率大

军东征孙权，要为关羽报仇。赵云劝阻道："如果先灭魏国，则东吴自然归附。陛下不可置魏国于不顾而兴兵伐吴。"刘备不听。

诸葛亮的哥哥时任东吴南郡太守，也写信给刘备说："关羽再亲，有献帝亲吗？荆州再大，有海内大吗？同样是仇敌，谁先谁后，要分清楚。"刘备也不听。

孙权见蜀军来势甚猛，心中恐惧，几次派人向刘备求和，都遭到拒绝。这时，东吴大将周瑜、鲁肃和吕蒙等人已经先

后去世了。孙权任命年轻的镇西将军陆逊为大都督，统率朱然、徐盛、韩当、孙桓等几员将领和五万人马抵抗刘备。

东吴的文臣武将对陆逊就任大都

督议论纷纷，有的说："陆逊声望不高，怎能指挥打仗呢？"有的说："陆逊才能不够，担不起统帅的重任。"孙权知道陆逊为人忠厚，才能出众，他力排众议，坚决把统帅的重任交给了陆逊。

陆逊辞别孙权，带着水陆两军开赴前线。

这时，刘备已经率军从秭归进抵猇亭，深入吴境五六百里。蜀军从巫峡到猇亭，沿路扎营，绵延七百里，兵力开始分散了。

东吴将领对陆逊说："赶快出兵迎击刘备吧。"陆逊说："刘备带兵东下，连连得胜，气势正旺，并且占据高处，我们很难攻破他。如果初战不利，就会挫伤士气。这是关系全局的大事，不可轻举妄动。我们应当勉励将

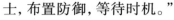

士，布置防御，等待时机。"

将领们听了，以为陆逊胆小，害怕刘备，脸上都露出轻蔑的神色，嘲笑他懦弱。陆逊拔出宝剑，严肃地对将领们说："我本是一介书生，主上交给我如此重任，是因为我还有一点可取之处，就是能够忍辱负重，把事情办好。你们只准紧守关隘，不准出战。违抗命令的，一律军法从事！"众将听了，不敢再说什么了。

蜀军多次挑战，陆逊总是置之不理。吴、蜀两军就这样相持了一百多天。

刘备见一时不能取胜，心生一计，命令吴班带着一万多老弱士兵，到靠近吴军的地方去扎营。自己率领精兵八千，在山谷里埋伏起来。吴班带领士兵挑战，耀武扬威，不断辱骂吴军。许多士兵还脱下衣服，赤身裸体地坐着或躺着，引诱吴军出击。

吴军将领十分气愤，都要求出战。陆逊说："这是蜀军诱敌之计。"他命令吴军照旧坚守阵地，不要理睬蜀军。

过了几天，刘备知道诱敌之计已经被陆逊识破，只好撤出山谷里的伏兵。

当时已近盛夏季节，天气异常炎热。蜀军忍受不了蒸人的暑气，叫苦连天。刘备只得让水军离船上岸，和陆军一起，靠着溪沟山涧，在树林茂密有阴凉的地方扎下互相连接的四十多座军营，以便避暑休军，等秋凉后再向吴军大举进攻。

陆逊见蜀军战线拉得过长，兵力分散，士兵疲劳，士气低落，知道反攻的时机已经到了。

为了取得胜利，陆逊先派出一小部分兵力对蜀军的一个营寨进行试探性进攻，结果吃了亏。于是，陆逊决定火攻。

陆逊命水兵用船只装载茅草，迅速运到指定地点。陆路士兵每人到船上拿一把茅草，将硫黄、硝石等引火物藏在茅草里，一到蜀营就顺风放火。

吴军又是火攻，又是突然袭击，搞得蜀军毫无防备，顿时乱成一团。刘备逃到马鞍山，陆逊的大队人马又把马鞍山团团围住，从四面放火烧山，蜀军又死了万余人，尸体遮盖了江面。

刘备只得带着残兵败将杀出一条血路，冲出重围向西逃跑。负责断后的蜀将傅彤坚持战斗，率领部下往来冲杀，身受重伤仍奋力死战，刘备才得以趁着夜色摆脱追兵，逃到了白帝城。

陆逊坚守不战，伺机火烧蜀军，立下了大功。

## (二) 淝水之战

前秦皇帝苻坚统一北方后，雄心勃勃，总想消灭东晋，统一天下。

他在几次小规模的战争中打败晋军后，竟骄傲起来，自以为天下无敌，决定向东晋发起大规模的进攻。

东晋孝武帝太元八年（383年），苻坚统率步兵六十万、骑兵二十七万，号称百万大军，浩浩荡荡向东南地区进发了。他把军队分成三路：一路

由他的弟弟苻融和鲜卑人慕容垂率领，共二十五万人，作为前锋，从长安出发东进；一路由羌人姚苌率领，沿长江顺流而下；另一路从幽州出发南下。

这时，东晋由谢安担任宰相，掌握军政大权。在强敌压境、生死存亡的关头，东晋统治集团在谢安的领导下空前地团结起来，他们决定抵抗前秦的进攻，紧张地进行军事部署。谢安任征讨大都督，

命令谢石指挥全军，谢玄担任先锋，带领八万兵马迎击前秦大军。谢安派大将胡彬率领水兵五千，赶去增援淝水之滨的寿阳城。

前秦军队由于兵马太多，战线拉得很长。苻融率领的先锋部队经过一个多月的日夜行军，到达淮河北岸的颍口。苻坚率领的主力军，随后也赶到项城。这时，凉州的军队才到咸阳，幽州的军队才到彭城。

符坚求胜心切，不等其他各路人马到齐，就命令符融攻下了寿阳。寿阳是军事重镇，它的得失对于整个战局具有举足轻重的作用。

增援寿阳的胡彬在半路上接到寿阳失守的消息，只好退守硖石。

符融攻下寿阳后，一面继续攻打硖石，一面派部将梁成带领五万人马向西推进，占领军事要地洛涧。梁成在那里扎下了许多水寨，把谢玄带领的八万晋军挡在洛涧东边。

符坚听说已经攻下寿阳，高兴极了，当夜就带了八千轻骑兵到了寿阳，然后派尚书朱序到晋军大营去劝谢石投降。

朱序本来是东晋的将领，他在襄阳

和前秦军队作战时，兵败被俘，受到苻坚的器重，但他念念不忘东晋。现在，他认为自己为东晋出力的机会到了。他到了东晋大营，不但没有劝降，反而向谢石提出了破秦的建议，他说："秦兵百万，势不可当。现在应当趁他们各路兵马还未到齐之机，先打败他们的先锋，挫伤他们的锐气。你们进攻时，我可以作内应，协助你们破敌。"谢石等人经过反复研究，决定首先袭击洛涧的秦军，让朱序在晋军进攻秦军主力时再配合行动。

　　谢石派战斗力很强的北府兵将领刘牢之带领一支兵马，在夜间抵达洛涧，向秦军阵地发起

突然袭击。

正在睡梦中的秦将梁成听到喊杀声，吓出一身冷汗，慌慌张张地从床上爬起来上马迎战，结果被刘牢之一刀砍于马下。秦军失去主将，无心再战，大败而逃。

晋军乘胜追击，谢石带领晋军主力渡过洛涧，在离寿阳城只有四里地的八公山扎下营寨。

在寿阳城里的苻坚接到洛涧方面失利的消息，忙和苻融一起登上寿阳城楼，瞭望晋军动静。只见晋军阵势森严，旌旗如林，八公山上的晋军密密麻麻的。看到这种情景，苻坚吃了一惊，对苻融说："你看，这满山遍野全是晋兵，没想到他们有这么多人！"他连忙下令，要各处秦军严密防守，没有他的命令，不许出击。

其实，八公山上并没有晋军。苻坚因为秦军在洛涧吃了败仗，挫伤了锐气，心里发慌，眼花缭乱，才把八公山上的草木看成是晋兵了。"草木皆兵"的成语就是从这里来的。

过了几天，谢石派了一个使者来到寿阳城，向苻融下战书，要求定期决战，条件是秦军把阵地向后移动一些，腾出一块空地作为战场，让晋军渡过淝水和秦军决战。

苻融立即去报告苻坚，两人一商量，同意后撤，以便趁晋军渡河时突然袭击，把晋军消灭在淝水里。

到了约定的日子，苻坚传下号令，叫秦军拔营后退，好让晋军渡河。秦军士兵大多数是被强迫来打仗的，他们本来就不愿意替苻坚卖命，现在一听说要拔营后退，就像决了堤的洪水，转头拼命向后跑。

这时，晋军按预定计划，由谢玄、谢琰等将领带着八千骑兵冒着严寒抢渡淝水，冲向秦军阵地。

朱序看见秦军后撤，晋军渡河，就

在秦军阵后大声喊道："秦军败了! 秦军败了!"正在向后退的秦军听到喊声,以为真的打了败仗,便争先恐后地只顾逃命了。苻融飞身上马,跑过去阻止队伍后退,结果连人带马被挤倒在地。他还没有来得及从地上爬起来,就被晋军一刀砍

死了。

秦军见苻融被杀，个个吓得如惊弓之鸟，抱头鼠窜。他们听见随风飘来的八公山上的鹤鸣声，也以为是晋军追上来了。他们自相践踏，死亡无数，尸横遍野，血流成河。

晋军乘胜追击，一口气追了三十多里才收兵。

苻坚退回长安，清点一下人马，原来的几十万人只剩下十分之二三了。

四、隋唐五代时期的战役

## （一）隋文帝灭陈

南北朝末期，杨坚称帝后，改国号为隋，定年号为开皇。杨坚就是中国历史上有名的隋文帝。

当时，隋文帝只统治北方半个中国，与江南的陈朝隔江而治。

过了几年，隋文帝见国家日益富强，认为灭陈的时机成熟了。

开皇八年（588年）春天，隋文帝任命二儿子晋王杨广、三儿子秦王杨俊和大臣杨素三人为行军元帅，率东、中、西三路大军出师伐陈。

隋将贺若弼精通兵法，他在渡江前将购买的大量陈国船只藏了起来，又买了五六十艘破船放在江边。陈人见了破船，以为北国无船，全都放心了。

贺若弼还命令驻军换防时，要在选中的渡江地点——广陵交接，一定要大张旗鼓，虚张声势。他们换防时，陈人以为隋军要渡江了，急忙发兵迎战。当明白了对方是在办交接时，便将军队解散了。以后隋军换防时，陈人再也不防备了。

每隔几天，贺若弼

就叫士兵沿江打猎，人马喧腾。

这样折腾了一阵，对岸的守军都放松了警惕。

当贺若弼真的率领大军从广陵渡江时，南方的守军早已喝醉了，丝毫没有察觉。

隋军兵临城下，陈朝大臣仍在钩心斗角，你争我夺，没有退敌之策。陈后主如坐针毡，十分烦躁。最后，他不顾众臣反对，派萧摩诃率军出城与隋军决一死战。

陈军早已不堪一击，只这一仗，隋军就进入建康了。

这时，只有尚书仆射袁宪还在殿中，其余的大臣都逃走了。陈后主惊慌失措，想要躲起来。袁宪正色道："北

兵虽入，必无所犯。大局如此，陛下还能去哪里？臣请陛下迎接北军吧！"陈后主不听，边跑边说："锋刃之下，还是躲一下好。"

陈后主跑到景阳殿，躲到井里。隋军进殿后，向井下喊道："井下有人吗？快上来！"下面寂静无声。隋军又喊道："再不上来，要扔石头了！"陈后主一听吓坏了，忙大声喊道："不要扔！我们上去。"隋军放下绳索，往上拉人，发现太重，几个人一齐用力，才将井下的人拽上来。一看，原来拽上来三个人，除陈后主外，还有张贵妃和孔贵嫔。

至此，陈朝灭亡了。

## （二）虚虚实实

唐朝安史之乱时，安禄山气焰极其嚣张。他趁朝廷没有防备，突然作乱，连连大捷。兵出冀南后，叛军一分为二：一路兵锋直指洛阳和长安；一路要夺取江南鱼米之乡，切断朝廷的粮道。

张巡是唐朝名将，邓州南阳（今属河南）人。他博览群书，过目不忘，通晓兵法，极重气节。开元

末年，张巡考中进士，曾担任太子通事舍人，后出任清河县令，政绩卓著，又调任真源县令。

天宝十五年（756年），张巡起兵抗拒安禄山叛军，坚守雍丘（今河南杞县）。叛军将令狐潮、李怀仙等率四万余人来到雍丘城下，拼命攻城。

张巡率军坚守数月，每战必胜。后来，城中的箭射光了，张巡便于夜间将千余个草人缒下城去，引诱敌军。敌军以为唐军下城偷袭，都拈起弓来，乱箭齐射，张巡轻易地得到了数十万支箭。

敌军发现上当，后悔莫及。当张巡于夜间将勇士缒下城时，敌军以为仍是草人，并不设防。勇士杀进敌营，挥刀乱砍，如砍瓜切菜一般，杀敌无数。

面对区区一座小城，敌人

束手无策。

　　唐肃宗至德二年（757年），张巡应许远之邀，入援睢阳（今河南商丘）。

　　这时，安禄山之子安庆绪正派部将尹子琦率十万大军进攻睢阳。睢阳是通往江南的大门，战略地位极其重要。敌兵攻城二十余次，都被唐军击退了。

尹子琦见士兵已经疲惫，只得鸣金收兵。

晚上，叛军刚刚休息，忽听城头战鼓咚咚，喊声震天。尹子琦急忙率军出营，准备与冲出城来的唐军激战。但唐军"干打雷不下雨"，紧闭城门，一个兵都没出来。

尹子琦见上了当，只得率军归营。刚要睡，城头战鼓又响了。尹子琦怕这次唐军真的杀出来了，急忙起身率军迎战，不料又白跑了一趟。

就这样，叛军被折腾了一夜，没得休息，一个个疲惫不堪，连眼睛都睁不开了，只得倒在地上呼呼大睡。

这时，城中一声炮响，张巡率领守军真的冲了出来。叛军从梦中惊醒，乱作一团。张巡率军连斩五十多个叛将，敌军大败。

张巡下令道："擒贼先擒王，快捉拿叛军首领尹子琦！"

将士得令，一直冲到叛军帅旗下。张巡从未见过尹子琦，在乱军之中，更加难以辨认。张巡心生一计，让士兵削尖秸秆作箭，射向敌军。敌军发现中的是秸秆箭，以为张巡军中已没有箭了，都争先恐后向尹子琦报告这个好消息。这样，张巡一下

子认出了叛军首领尹子琦,急令神箭手南霁雲射杀尹子琦。南霁雲拈弓搭箭,一箭射中尹子琦左眼,顿时鲜血淋漓。尹子琦疼得仓皇逃命。叛军一见主帅逃命,也都跟着逃跑了。

## (三) 高平之战

后梁末帝龙德元年(921年),柴荣生于邢州龙冈。他的姑母是五代后周太祖郭威的结发之妻,因姑母无子,柴荣从小由姑母收养,住在郭威家里。郭威很喜欢他,不久就收他为养子了。

当时,郭威还是个小军官,生活不富裕。柴荣帮助姑母料理家务,日子过得很惬意。柴荣跟郭威学会了十八般武艺,尤其善于骑射,并且粗通经史。

郭威的职位一天天升高，柴荣在郭威手下担任军官，逐步培养起军政才能。

后周太祖广顺元年（951年），郭威建立后周，史称后周太祖。柴荣以皇子身份出任澶州节度使，成为郭威的得力助手。后周世宗显德元年（954年），郭威病死，皇位顺理成章地落到柴荣头上。

柴荣即位，史称后周世宗。

这时，北汉国主刘崇认为后周局势不稳，进占中原的时机已到，就集中三万人马，又请辽主派出一万骑兵，两家联兵向潞州（治所在今山西长治）进攻。

消息传到汴京，世宗立刻召集大臣商量，要亲自带兵抵抗。大臣们说："陛下刚刚即位，人心容易动摇，不宜亲自出征，还是派个将军去

吧!"

世宗说:"刘崇趁我刚遭丧事,又欺我年轻,想吞并中原。这次他亲自来,我要亲自对付他。"

这时只有老臣冯道站出来反对,世宗对冯道说:"过去唐太宗平定天下,都是自己带兵,我怎能苟且偷安呢?"

冯道冷冷地笑了一声说:"陛下能比得上唐太宗吗?"

世宗见冯道瞧不起他, 激动地说:
"我们有强大的兵力, 要消灭刘崇, 就如
泰山压卵一样。"

冯道说: "陛下能像一座山吗?"

世宗听了十分气愤, 拂袖而去, 亲征
的事就这样定了下来。

当两军在高平相遇
时, 双方都有数万人马, 但
柴荣的一支后续部队尚未
赶到, 并且由于急行军, 士
兵都很疲劳。

北汉刘崇率领三万大
军居中, 辽大将杨衮率军
居西为右军, 先锋张元徽
率军居东为左军, 阵势十
分严整。

后周一些将领见状,
不由得胆怯起来。刘崇见
此情景, 竟骄傲起来。辽
大将杨衮劝他说: "千万

不要轻敌!"他不加理睬,对杨衮说:"将军不必出战,看我破敌吧!"他深信胜券在握。为了显示镇静,他还传令军中奏乐饮酒。

两军刚一交锋,后周右军将领樊爱能、何徽便扔下部队,只率少数骑兵逃离阵地。右军骑兵大乱,数千步兵见逃跑已经来不及,都丢下武器向敌军投降了。

樊爱能、何徽拼命逃窜,还造谣说后周大军已经战败投降,阻止后军前进,扰乱了军心。

溃军一路抢劫,世宗派人命令他们停下来,他们反而杀了使者,继续逃窜。

世宗见此情景,仍能镇定自若,端坐在马上督战，没有一丝惧色。他率身边的亲兵数十人向前冲去，直奔刘崇大帐。

后周将士见皇帝亲自冲锋陷阵，也都奋勇冲杀，一时间杀声震天，吓破了敌胆。后周大将赵匡胤喊道："皇上都不怕死，我们还不拼命吗？"说着，便和禁军将领张永德分左右两路直冲敌阵。

北汉将士没料到后周大军来势如此凶猛，顿时大乱，左军大将张元徽在激战中被杀。

辽大将杨衮因刘崇不重视他，很不

高兴。当他看到后周将士冲杀过来时，忙带着骑兵撤走了。

刘崇见大势已去，只得披上蓑衣，戴上斗笠，仅带一百余人狼狈逃回太原。

此战，世宗获胜，稳定了国家局势。

# 五、宋元时期的战役

## （一）虞允文退敌

北宋灭亡后，康王赵构逃到南方，建立了南宋小朝廷。他不敢与金国为敌，便每年送给金国大批金帛，与金国签订了《绍兴和议》。

《绍兴和议》签订后，宋金双方形成了南北对峙局面。宋高宗和一批投降派大臣对于这个偏安局面十分满意，在临

安建起豪华的宫殿和府第，过上了纸醉金迷的生活，将收复失地的事忘得一干二净了。在这段时间里，金朝统治集团发生内讧，贵族完颜亮杀死了金熙宗，自立为帝，历史上称其为海陵王。完颜亮把金朝的京都从上京迁到燕京，一心想发动战争，消灭南宋。

有一次，完颜亮做了个梦，梦中他上了天宫，天帝命令他讨伐宋朝。上朝时他跟大臣谈起这个梦，一些大臣凑趣，都说这是个好兆头，向他祝贺。完颜亮一高兴，就把发兵南侵的事定了下来。

完颜亮准备发兵的风声传到南宋都

城临安，有些官员要朝廷早作准备，反而
被宋高宗斥责为造谣生事。

宋高宗绍兴三十一年（1161年），完
颜亮率领六十万大军进攻南宋。

金军逼近淮河北岸时，防守江北的
主帅刘锜生病了，只好派副帅王权到淮西
寿春去防守。王权贪生
怕死，听说金兵南下，
早已吓得失魂落魄，根
本不想抵抗。

完颜亮渡过淮河，
王权还没见到金兵的
影儿就闻风而逃，一直
逃过长江，到采石（今
安徽马鞍山西南）才停
下来。

宋高宗听说王权
兵败，这才害怕了。他
把王权撤了职，另派
李显忠代替王权，并

派宰相叶义问去视察江上守军。

叶义问也是个胆小鬼，不敢亲自上前线，另派中书舍人虞允文到采石慰劳宋军将士。

虞允文到了采石，王权已经走了，接替王权职务的李显忠还未到任。对岸的金兵正在准备渡江，宋军没有主将，人心惶惶，秩序大乱。

虞允文到了江边，见宋军三三两两垂头丧气地坐在那里，把马鞍和盔甲丢在一边。

虞允文上前问道："金人快要渡江了，你们坐在这里等什么呢？"

士兵们抬起头，见是一个文官，没好气地说："将军都跑了，我们还打什么仗？"

虞允文见队伍这样丧失斗志，十分吃惊，觉得不能再等李显忠了，就立即召集将士，对他们说："我是奉朝廷命令到这里来劳军的。你们只要为国立功，我一定报告朝廷，论功行赏。"

士兵们见虞允文出来做主，都打起精神来，纷纷说："我们吃尽了金人的苦，谁不想抵抗？现在既然有大人做主，我们愿意拼命杀敌。"

随虞允文一起去劳军的官员悄悄对他说："朝廷派大人来劳军，又不是要大人来督战。别人把事情办得这么糟，大人何必背这个包袱呢？"

虞允文一听，气愤地说："这是什么话！现在国家危急，我怎能考虑个人得失，逃避责任，袖手

旁观呢？"虞允文是个书生，从来没有指挥过战役。出于爱国之心，他鼓起勇气，命令步兵、骑兵排好阵势，又把江面的船只分为五队，一队在江中，两队停泊在两侧岸边，另外两队隐蔽在港汊里作后备队。

宋军刚布置好，金兵已经开始渡江了。完颜亮亲自挥动红旗指挥，几百艘大船满载金兵向南岸驶来。不大工夫，金兵陆续登岸了。

虞允文命令部将时俊率领步兵出击。时俊挥舞双刀，带头冲向敌阵。宋军士气高涨，拼命冲杀。金兵这次进军以来，从未遭到抵抗，突然碰到这样强大的敌手，一下子就垮了。

江面上的宋军战船也向金军大船冲去。宋军战船虽小，但是很坚实，就像尖刀一样插进金军的船队，把敌船拦腰截断。敌船纷纷被撞沉，船上的金兵一半落在水里淹死，一半还在垂死挣扎。

不久，太阳落山，天色暗了下来，江面上的战斗还未结束。这时，正好有一批从光州（今河南潢州）逃回来的宋军到了采石。虞允文发给他们许多军旗和战鼓，让他们从山后面摇动旗帜、敲着战鼓绕到江边。江上的金兵听到南岸鼓声震天，看到山后无数旗帜在晃动，以为宋军大批援兵赶到，便不敢再战，吓得纷纷逃命了。

金军惨败，完颜亮暴跳如雷，一肚子怒气全发泄在士兵身上，把逃回去的士兵全斩了。

虞允文料到完颜亮不会甘心，当夜把战船分为两队，一队开到上游，一队留守渡口。

次日，天蒙蒙亮，完颜亮又派金兵渡江了。虞允文指挥两队战船夹击敌人，金兵尝过虞允文的厉害，无心再战。三百只大船被困在江心和渡口，宋军放起一把火，把敌船全烧了。

完颜亮渡江不成，又把士兵杀

了一批，之后带人马到扬州，想从那里渡江。

宋军在采石大捷之后，主将李显忠才带兵赶到。李显忠听说书生挥师杀敌，十分钦佩。

虞允文对李显忠说："敌人在采石兵败后，一定会到扬州去渡江。扬州对岸的镇江尚未设防，情况很危险。将军在这里守着，我到那边去看看。"

李显忠马上拨给虞允文一支人马，送他前往镇江。

虞允文到镇江后，命令水军在江边演习。宋军造了一批车船，在金山周围巡

逻，来去如飞。北岸的金兵见了，十分吃惊，忙去报告完颜亮。完颜亮大怒，把报告的人打了一顿。

金兵打了几次败仗，早已无心恋战了。有些将士暗地里商量逃走，完颜亮发现后，下令："士兵逃亡的杀将领，将领逃亡的杀主将。明日全军渡江，畏缩不前者斩首。"

金军将士对完颜亮的残酷统治再也无法忍受，未等完颜亮发出渡江命令，当天夜里就冲进大帐将他杀了。

完颜亮一死，金兵立即全线撤退了。

此战，一介书生凭着爱国心挥师退敌，保住了南宋江山，立下了赫赫战功，古今罕见。

## （二）宋元之战

南宋恭帝德祐二年（1276年），元军攻入南宋都城临安，宋恭帝和母亲全太后被俘。

临安陷落时，宋恭帝的哥哥赵昰和弟弟赵昺逃往温州。

同年五月，礼部侍郎陆秀夫、宰相陈宜中、大将张世杰、大将苏刘义等人在福州拥立赵昰为帝，史称宋端宗，改年号为景炎，封赵昺为卫王，封赵昺的母亲杨氏为太妃，由杨太妃代幼主听政。接着，下诏令李庭芝等尚在抗战的将领分道出师，中兴宋室。任命陈宜中为左相兼枢密使，张世杰为枢密副使，陆秀夫为签书枢密院事，苏刘义为殿前指挥使。

不久，元军来攻，陆秀夫、张世杰、苏刘义为保幼主，立即护卫宋端宗等登上海船，逃到泉州，接着又逃往广东潮州。

宋端宗景炎三年（1278年），元军从水路追击宋端宗，宋端宗避入广州湾。一天，龙舟突然倾覆，宋端宗落水，虽被随从救起，但已喝了满腹海水，一连几日讲不出话来，病恹恹的。

因元军追兵逼近，宋端宗不得不逃往碙州（今广东雷州湾），几个月后不幸死去。

当时，张世杰主张前往占城（在今越南南部），徐图恢复。陈宜中表示愿意先去探路，大家只得同意。不料，他竟乘机逃走，一去不回，后来死在暹罗（今泰国）。

宋端宗在位三年，

死时年仅10岁。

宋端宗死后，群臣灰心丧气，打算散去。这时，陆秀夫鼓励大家说："度宗皇帝一子尚在，将如何处置？想当年，大禹的孙子少康仅有五百人，尚能复国。现在，大宋百官都在，士兵数万，难道不能中兴吗？"于是，陆秀夫、张世杰、苏刘义又拥立6岁的卫王赵昺为帝，杨太妃照旧听政，陆秀夫、张世杰协力辅佐，苏刘义负责小皇帝的安全。

张世杰认为碙州不可久留，于是，小朝廷迁到地势险要的厓山。

张世杰派人入山伐木，建造行宫及军营千余间。当时，尚有君臣军民二十余万，大多住在船中，物资粮食则从广东沿海各州郡征集。

元军舰队快追到厓山时，一个

熟悉海情的大臣对张世杰说："元军如果堵住海口，我们就不能自由进出了。我们应抢先占据海口，如能得胜是国家之福，万一失败还可以西征。"张世杰担心久浮海上，军民会渐渐离心，不如与元军决战，争取胜利，因而没有听取正确的建议。

张世杰把水军排成一字阵，用绳索将船只联结起来，远远望去有如坚城。

元将张弘范追到海边，果然先行占据海口，切断宋军水道。崖山将士干渴十余日，人人站立不稳，难以再战了。

元军发起猛攻，战斗异常激烈。倒在地上的宋军挣扎而起，与元军展开肉搏。结果，宋军大败，血流成河，染红了海水。

张世杰、苏刘义苦战到日暮，自知无望，只得斩断船索，拥杨太妃等人突围。

此时，风雨大作，浓雾四起，咫尺不能相辨，张世杰率十六只战船趁机突围而出。

陆秀夫走到赵昺船中，对他说："国事至此，陛下应当为国而死。德祐皇帝北上后，受尽了奇耻大辱，陛下可不能再受辱了！"说罢，抱着7岁的赵昺投海而死，宫女和群臣也纷纷投海自尽。

张世杰突围后，想奉杨太妃为女皇，继续抗元。杨太妃捶胸大哭道："孤家忍死漂泊到此，只为赵氏一块肉，如今已经无望了！"说罢，纵身一跃，投海而死。

张世杰移师海陵

陆秀夫负帝殉海像

山，不幸遇上飓风。将士劝他登岸，张世杰说："不必了。我为赵氏已尽忠竭力了。我之所以未死，是想在敌兵退后再立赵氏，以图中兴。如今风浪如此，这岂不是天意吗？"后来，风浪越来越猛，张世杰不幸舟覆溺死。

至此，南宋彻底灭亡了。

# 六、明清时期的战役

## （一）于谦保卫北京之战

明英宗正统十四年（1449年）二月，蒙古瓦剌部首领也先派使者到北京进贡，请求通婚。明朝翻译官马云、马青和指挥吴良私自答应了他。于是，也先特地前来贡马，作为聘礼。明廷大臣问道："皇上并未许婚，为何送聘礼？"也先一听，又羞又恼，悻悻而去。

同年七月，也先率军攻打大同。边报传来，太监王振劝明英宗说："也先要求通婚，无礼至极，不给他点颜色看看，他不会老实的。请陛下御驾亲征吧！"明英宗对王振又喜欢又害怕，当时就同意了。

原来，王振是明英宗的贴身太监，粗识文墨。入宫后，他曾教幼年的明英宗识字，因此明英宗怕他；他很有心机，常出宫买些儿童玩具给幼年的明英宗玩，因此明英宗又特别喜欢他，对他言听计从。明英宗长大后，王振不仅掌管后宫，在朝中也是说一不二。他恃宠专权，朝廷内外没人不怕他。

明英宗御驾亲征，命王振为统帅。粮草还未准备充分，五十万大军就仓促出发了。一路上，天降大雨，道路泥泞，行军缓慢，士兵饿死无数，遍地都是尸体。

也先闻报，心中大喜，认为这正是捉拿明英宗，平定中原的大好时机。他命令人马佯败，要将明军引入重围。王振以为瓦剌军害怕明军，忙下令追击瓦剌军。也先见明军中计，下令道："兵分两路，从两侧包围明军！"明军遭到瓦剌军伏击，伤亡惨重。明英宗以为败局已定，急忙下令道："速速班师回京！"

明军撤到土木堡时，天色已近黄昏。大臣们建议说："请陛下令大军再前行二十里，到怀来城里等待援军吧。"王振驳斥道："糊涂！尚有千辆辎重未到，岂能抛弃？必须在土木堡等待！"明英宗在王振面前是个不敢拿主意的人，连忙点了几下头。

也先深怕明军进驻怀来，据城固守，下令道："马不停蹄，给我猛追！"在明军抵达土木堡的第二天，也先就追了上来，包围了土木堡。明英宗几次突围不成，被也先生擒。明军见天子做了俘虏，立即溃不成军。

消息传到北京，皇太后和皇后急得直哭，忙从内库拿出大量金银珍宝、绫罗绸缎，偷偷派太监带上去寻找瓦剌军，想把英宗赎回来。结果毫无希望。从土木堡逃回来的伤兵有断了手的，有少了腿的，陆续在北京城里出现了。京城里人心惶惶，城里留下的人马不多，瓦剌军来了怎么抵挡呢？

为了安定人心，皇太后宣布由郕王朱祁钰监国，也就是代理皇帝的职权，并且召集大臣商量御敌之策。大臣们七嘴八舌，不知怎么办才好。大臣徐有贞说："瓦剌兵强马壮，我们抵挡不住，不如迁都到南方去，暂时避一下。"

兵部侍郎于谦严肃地向皇太后和郕王说："主张逃跑的应该斩首。京城是国家根本，如果朝廷一撤，人心一散，大局就不可收拾了。我们要记取南宋的教训啊！"

于谦的主张得到许多大臣的支持，皇太后决定叫于谦指挥军民守城。

于谦是明朝著名的民族英雄，浙江钱塘（今杭州）人。他自幼就有远大的志向。他的祖父收藏了一幅文天祥的画像，于谦十分钦佩文天祥，总把那幅画像挂在书桌边激励自己。他还在画像上题词，表示一定要向文天祥学习。长大以后，他考中进士，做了几任地方官。他一向严格执法，廉洁奉公，成了全国闻名的大清官。后来，他升任河南巡抚，奖励生产，赈灾济贫，爱民如子。

王振专权时，朝廷上贪污成风，地方官进京办事总要先送白银贿赂上司，只有于谦从来不送礼。有人劝他说："你不肯送金银财宝，难道不能带点土特产去？"于谦甩了甩两只袖子笑着说："只有清风。"他还写了一首

诗, 表明自己的态度, 诗的后面两句咏道:

"清风两袖朝天去, 免得间阎话短长。"

后句的意思是说免得被人说长道短,"间阎"是"里巷"之意。这就是成语"两袖清风"的由来。

这一回, 在京城面临危急的时刻, 于谦毅然担起守城重任。他一面调兵遣将, 加强京城和附近关隘的防御兵力; 一面整顿内部, 逮捕了一批和瓦剌有联系的人。

有一天, 朱祁钰上朝, 于谦要求宣布王振的罪状, 朱祁钰不敢做主。宦官马顺是王振的同党, 见大臣们不肯退朝, 就吆喝着想把大臣赶走。这下激怒了大臣, 有个大臣冲上去揪住马顺, 大伙围上来, 一阵拳打脚踢, 把马顺打死了。

朱祁钰见朝堂大乱, 想躲进内宫, 于谦拦住他说:"王振是这次战争失败的罪魁祸首, 不惩办不能平

民愤。只有宣布王振的罪状,大臣才能心安,百姓才能协力守城。"

朱祁钰听了于谦的话,猛然醒悟,当即下令抄了王振的家,惩办了王振的同党。这样,人心才渐渐安定下来。

也先生俘明英宗后,没有把他杀死,而是挟持英宗,把他当人质,不断骚扰边境。

于谦认为国家没有皇帝不行,人心容易涣散,于是请皇太后正式宣布朱祁钰为皇帝,明英宗改称太上皇。皇太后准奏,于是朱祁钰即位,史称明代宗,又叫景帝。

也先见明朝决心抵抗,就以送明英宗回朝为借口,大举进犯北京。

正统十四年(1449年)十月,瓦剌军打到北京城下,在西直门外扎下大营。于

谦立刻召集将领商量对策。大将石亨认为明军兵力太弱，主张把军队撤进城里，然后关上城门。日子一久，也许瓦剌会自动退兵。

于谦说："敌人这样嚣张，如果我们示弱，只会助长他们的气焰。我们一定要主动出兵，给敌人以迎头痛击。"

于谦分派将领带兵出城，在九门外摆开阵势。

于谦亲自率领一支人马驻守德胜门外，叫城里的守将把城门全部关起来，表示有进无退的决心。他还下了一道军令：将领上阵，丢了队伍带头后退的，斩将领；士兵不听将领指挥，临阵脱逃的，由后队将士督斩。

将士们被于谦的勇敢精神和坚定态度感动了，一个个斗志昂扬，誓与瓦剌军决一死战。

这时，各地的明军已接到于谦的命令，也陆续赶到北京救援，城外的明军增加到二十二万人。

十月十一日，瓦剌军逼近北京。也先将军队布置在西直门以西。于谦果断地派兵迎击，打败也先的先锋部队，夺回被俘军民一千多人。同时，于谦又派人率兵在深夜袭击敌营，以疲惫敌军。

十月十三日，瓦剌军乘风雨大作，进攻德胜门。于谦命大将石亨在城外民房内埋伏好勇士，然后派遣小股骑兵佯败诱敌。也先果然中计，亲率大批部队穷追不舍。等也先的军队进入埋伏圈后，于谦一声令下，明军纷纷一跃而起，痛击敌人。只见神机营火

器齐发，火箭飞蝗般射向敌军。明军前后夹击，也先部队大败而归。在这一次战斗中，瓦剌军受到沉重打击，也先的弟弟勃罗、平章卯那孩等人也中炮而死。

十月十四日，瓦剌军又改攻彰义门。于谦命守军将城外街巷堵塞，在重要地带埋伏神铳手、短枪手，又派兵在彰义门外迎战。明军前队用火器轰击敌军，后队由弓弩压阵，击退了瓦剌军的进攻。

各地百姓也被于谦组织起来抗击瓦剌军，也先在进攻北京的过程中到处遭到军民的抵抗和袭击。

也先屡败，唯恐后路被切断，便于十五日深夜挟持英宗由良乡向紫荆关撤退。

经过五天的激战，于谦守住了北京，保住了明朝。

十一月八日，瓦剌军全部退出塞外。慑于明军凌厉的攻势，次年八月，也先释放英宗回国，恢复了与明朝的臣属关系。

### （二）萨尔浒之战

后金是女真族在明朝末年建立的政权。

建州女真族首领努尔哈赤统一女真各部，于万历四十四年（1616年），建立后金，年号天命，称金国大汗，以赫图阿拉（今辽宁新宾）为都城。

万历四十六年（1618年），努尔哈赤召开誓师大会，然后率军攻打明朝。战前，努尔哈赤写信给抚顺明军守将劝他投降。守将李永芳一看后金军来势凶猛，没有抵抗就投降了。明朝

辽东巡抚派兵救援抚顺，也被后金军在半路上击败。努尔哈赤下令毁了抚顺城，带着大批战利品回到赫图阿拉。

消息传到北京，明神宗勃然大怒，派杨镐为辽东经略讨伐后金。杨镐集中了十万人马，分兵四路，进攻赫图阿拉。杨镐与诸将议定，总兵刘铤为东路，总兵马林为北路，总兵杜松为西路，总兵李如柏为南路。其中以西路杜松为主力，杨镐坐镇沈阳。

当时，后金八旗军不过六万多人，一些后金将士得到情报后不免有点害怕。努尔哈赤胸有成竹地说："不要怕，不管他几路来，我只是一路去。"他决定集中优势兵力，将明军一路一路地击破。

杜松是一员身经百战的虎将，浑身伤疤累累，有如鱼鳞，一般人都不敢看。接到调令时，大家都劝他说："将军已经是六

旬以上的人了，不要去了。"
他说："岂能让关外小丑张
狂，本将此行定平胡虏，以
安天下。"杜松从抚顺出发

时，天正下着大雪。他想抢
头功，不顾天气恶劣，急匆
匆地冒雪行军。他先攻占了萨尔浒（今辽
宁抚顺东）山口，接着分兵两路，把一半
兵力留在萨尔浒扎营，自己带另一半精兵
攻打后金的界藩城（今新宾西北）。

努尔哈赤听说杜松分散兵力，心里
暗暗高兴，立即集中八旗兵力，一口气攻
下萨尔浒明军大营，截断了杜松的后路，
接着又急行军援救界藩城。

正在攻打界藩城的明军听到后路被
抄，军心动摇。驻守界藩城的后金军从山
上居高临下，泰山压顶般把杜松军杀得
七零八落。努尔哈赤率领大军赶到，两路
大军把明军团团围住。杜松左右冲杀，想
要突围，突然一箭飞来，正中头部。杜松

从马上栽下，含恨死去。明军尸横遍野，血流成河，西路人马就这样覆没了。

北路马林是文人出身，他从开原奉命出兵，行军到离萨尔浒还有四十里的地方，就得到杜松兵败的消息。他急忙转攻为守，就地扎营，挖了三层壕沟，准备防守。

努尔哈赤率领八旗兵从界藩城马不停蹄地赶来，进攻明军营垒。正在酣战之际，马林一看大势不好，带着几个随从骑马先跑了。军无主帅，有如群龙无首，顿时四散溃逃。马林的两个儿子马燃、马熠也战死沙场。

坐镇沈阳的杨镐正在等各路明军的捷报，却接到两路人马覆没的坏消息，顿时惊得目瞪口呆。他这才知道努尔哈赤的厉害，连忙派快马传令，让另外两路明军立刻停止进军。

南路总兵李如柏向来胆小谨慎，行动也特别迟缓，接到杨镐命令后急忙撤退。山上巡逻的二十来名后金哨兵远远望见明军撤退，大声鼓噪，明军士兵以为后面有大批追兵，吓得仓皇逃窜，自相践踏，竟踩死一千多人。

东路刘铤是明军中出名的猛将，惯使一把一百二十斤的大刀，运转如飞，人称"刘大刀"。刘铤军令严明，武器火药也多。进入后金阵地后，连破几个营寨。杨镐发出停止进军命令的时候，刘铤已经深入后金阵地，两路明军失败的消息他一点也不知道。

努尔哈赤知道刘铤骁勇，不好同他硬拼，便选了一个降兵，叫他冒充杜松

部下送信给刘铤，说杜松大军已到赫图阿拉城下，只等刘铤大军会师攻城了。

刘铤一直没有接到杨镐退兵的命令，也不知道杜松大军已经覆没，竟然信以为真。他为人气盛，一心报国，怕杜松独得头功，便下令火速进军。

前面道路险狭，兵马不能并行，只好改为单列进军。刘铤带兵走了一阵，突然杀声四起，只见漫山遍野都是后金伏兵。

刘铤正要应战，努尔哈赤又派一支后金兵穿着明军盔甲，打着明军旗帜，装扮成杜松大军前来接应。

刘铤毫不怀疑，把人马带进假明军的包围圈里。后金军四面夹击，明军阵势大乱。刘铤虽然勇猛，挥舞大刀，杀退了一些后金兵，但毕竟寡不敌众，他左右两臂都受了重伤，最终战死沙场。

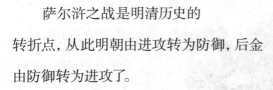

这场大战从开始到结束只有五天时间，杨镐率领的十万明军损失了一大半，将官死了三百多人。这就是历史上著名的"萨尔浒之战"。

萨尔浒之战是明清历史的转折点，从此明朝由进攻转为防御，后金由防御转为进攻了。

萨尔浒之战后，明朝元气大伤。后金步步进逼，接连攻占了辽东重镇沈阳和辽阳。

明熹宗天启五年（1625年），努尔哈赤把后金都城迁到沈阳，改称"盛京"。此后，后金成了明朝最大的威胁。

## （三）郑成功收复台湾

郑成功于明熹宗天启四年（1624年）生于日本九州。

父亲郑芝龙为明朝海商及海盗首领，在中国东南沿海及日本、菲律宾等地拥有极大的势力。

母亲田川氏为日本人，郑成功6岁以前随母亲住在平户，直到父亲郑芝龙受明朝招安，郑成功才被接回泉州读书。

崇祯十一年（1638年），郑成功考中秀才。

顺治三年（1646年），清军攻占福建，郑成功的父亲认为明朝气数已尽，不顾郑成功反对，向清廷投降。这时，清军劫掠郑家，郑成功的母亲为免受辱，切腹自尽。国仇家恨之下，郑成功在烈屿（今小金门）起兵反清。

郑成功在厦门建立了一支水师，同抗清将领张煌言联合起来，率领水军十七万人乘海船开进长江，分水陆两路进攻南京，一直打到南京城下。

清军慌了手脚，忙用诈降计欺骗郑成功。郑成功中计，打了败仗，又退回厦门。

清军要求福建、广东沿海百姓后撤四十里，断绝对郑军的供应，企图困死郑成功。郑成功招兵筹饷都遇到了困难，就决定向台湾发展。

台湾自古以来就是中国的领土。明朝末年，荷兰殖民者派侵略军霸占了台湾。他们在台湾修建城堡，向台湾人民勒索苛捐杂税。台湾人民不断反抗，遭到荷兰侵略军的残酷镇压。

郑成功决心赶走侵略军，命令将士修造船只，收集粮草，准备渡海。

郑成功为了提高战斗力，大量仿制西洋红夷大炮。这种炮在当时比较先进，具有很大的杀伤力。

这时，在荷兰军队里当过翻译官的何廷斌来见郑成功，说台湾人民在侵略军的铁蹄下备受蹂躏，早就想反抗了。只要大军一到，一定能把荷兰侵略者赶走。何廷斌还送给郑成功一张台湾地图，把荷兰侵略军的军事部署都告诉了郑成功。郑成功有了这些可靠的情报，收复台湾的信心更足了。

顺治十八年（1661年），郑成功让他的儿子郑经带领一部分军队留守厦门，自己率两万五千名将士分乘几百艘战船，从金门浩浩荡荡地出发了。

庞大的舰队乘风破浪来

到了澎湖列岛。郑成功下令在此休整几天，养精蓄锐，好直取台湾。

这时，有些将士听说荷兰的大炮十分厉害，有点胆怯了。郑成功笑了笑，把自己乘坐的战船排在舰队的最前面，鼓励将士说："荷兰的大炮没有什么可怕的，你们只管跟着我的战船前进就是。"

荷兰侵略军听说郑成功率大军来了，不禁惊慌失措。他们忙把军队集中起来，分别驻守台湾城（在今台湾东平地区）和赤嵌城（在今台南地区），还在港口沉了好多破船，用以阻挡郑成功的船队。

郑成功叫何廷斌领航，利用海水涨潮的时机驶进鹿耳门，登上了台湾岛，来

到台湾城下。

台湾人民听说郑成功率大军来了，纷纷推着小车，提着饭筐，端着茶壶，前来迎接祖国亲人，一个个兴奋得眼里含着泪花。

躲在城堡里的荷兰侵略军司令一见这情景，气急败坏地派遣几名军官带领一百多个士兵，端着洋枪冲了出来。郑成功一声令下，军民把敌军团团围住，杀了一个敌将，其余的敌人吓得纷纷逃散了。

荷兰侵略军调动一艘最大的军舰"赫克托"号和三艘战船，张牙舞爪地驶了过来，想阻止郑军的船只继续登岸。郑成功沉着地指挥六十艘战船把"赫克托"号围住，一齐发炮。"赫克托"号中炮起火，熊熊大火把海面照得通红。"赫克托"号渐渐沉没了，其他三艘荷兰战船迅速掉头开走了。

荷兰侵略军初战即遭到惨败，吓得龟缩在两座城里再也不敢应战了。他们一面偷偷派人到巴达维亚（今雅加达）去搬救兵，一面派使者到郑军大营向郑成功求和，说只要郑军退出台湾，他们愿意献上十万两白银。

郑成功眉毛一扬，威严地说："台湾自古就是我国的领土，早就该物归原主了。我们收回台湾是天经地义的事。你们如果赖着不走，我们就把你们赶出去！"

郑成功喝退荷兰使者，派大军猛攻赤嵌城。赤嵌城的敌军负隅顽抗，一时攻不下来。当地百姓献策说："赤嵌城的水都

是从城外高处流下来的，只要切断水源，不出三天，敌人就不战自乱了。"郑成功立即派士兵截断水源，果然不出三天，赤嵌城里的荷兰人就乖乖地投降了。

盘踞台湾城的侵略军继续顽抗，等待救兵前来支援。

郑成功和众将商议，决定采取长期围困的办法逼他们投降。

围困长达八个月之后，郑成功下令向台湾城发起猛攻。军民喊声震天，枪炮如雨，荷兰侵略军走投无路，只好竖起白旗，宣布投降。

　　康熙元年（1662年），侵略军头目被迫来到郑成功大营，在投降书上签了字。然后，率领侵略军灰溜溜地登上军舰离开了台湾。

　　郑成功在军民的拥戴下收复了中国的宝岛台湾，成为中国历史上杰出的民族英雄。